Zu glauben, dass die Welt
geheimnisvoll und unergründlich ist,
ist die innerste Wahl einer Kriegerin.
Immer, wenn eine Frau gezwungen ist,
zu glauben, glaubt sie aus ganzem Herzen.
Eine Kriegerin glaubt nicht einfach,
eine Kriegerin muss glauben.

Für Don Juan Matus

Maria Friederike Claudius, Jahrgang 1951,
ist Künstlerin und Seherin. Ihre Bilder und Gedichte
sind geprägt von der Philosophie des Nagualismus.
Sie möchte zum Nachdenken anregen und eine
neue Sicht der Welt aufzeigen, eine Sichtweise,
die für uns überlebenswichtig ist.

Maria Friederike Claudius

Wunder der Verwandlung

Gedichte der neuen Zeit

© 2021 Maria Friederike Claudius
Umschlaggestaltung: Gunnar Claudius

Verlag & Druck: tredition GmbH,
Halenreie 40-44, 22359 Hamburg

ISBN
Paperback   978-3-347-22082-9
Hardcover   978-3-347-22083-6

Die Deutsche Nationalbibliothek verzeichnet diese
Publikation in der Deutschen Nationalbibliografie;
detaillierte bibliografische Daten sind im Internet
über http://dnb.d-nb.de abrufbar.

Vorwort

Alles im Universum verläuft in Spiralbewegungen, Zyklen, Zeit-Intensitäten. Die Gedichte der neuen Zeit versinnbildlichen einen solchen Zyklus.
Ein Zyklus, der vor gut zwei Jahren leicht und freudig begann und sich weiterentwickelte. Zeitgleich mit der Corona-Krise fand er einen dramatischen Höhepunkt, der im Verlauf unsere Welt global veränderte und eine neue Zeit ankündigte.

Das ist ein außergewöhnliches Ereignis, das mich veranlasste, die Sammlung zu veröffentlichen.
So erzählen die Gedichte auf abstrakte Weise von Erfahrungen und Erkenntnissen meiner Lebensreise, Stationen, die jeder Mensch auf irgendeine Art wiedererkennen kann, da die Zyklen, denen wir unterworfen sind, im Grunde dieselben und nur durch besondere individuelle Merkmale verschieden sind.
Sie berühren die Themen: Kontemplation, Träumen, Freiheit, Erinnerung, Tod, Mensch, Natur, Corona u.a.

Basis für diesen Gedichtzyklus sind die Lehren des toltekischen Zauberers und Nagual Don Juan Matus und seiner Schüler Carlos Castaneda, Carol Tiggs, Florinda Donner-Grau und Taisha Abelar.

Heute braucht der Mensch andere, geeignetere Mittel, um die Herausforderungen der kommenden Zeit annehmen zu können, ohne an ihnen zu verzweifeln. Mögen die Gedichte ihren Teil dazu beitragen.

Look Behind

Was ist Wirklichkeit? Was ist Traum?
Alles ist gleich.

Entscheidend ist,
die Struktur hinter den Dingen zu sehen.

Das andere Selbst

Ich bin nicht ich.
Ich bin die Andere,
die mich führt in der Dunkelheit.
Die Zeichen des Unaussprechlichen
auf der Brust.

Lautlos sind ihre Schritte,
wie Goldstaub ihr Geheimnis:
Das ist das Köstlichste,
was ihr je gegessen habt...

Kontemplation

Alle Lebewesen
entstammen derselben Quelle
und die Erde ist ihre Matrix.

Der Mensch denkt.
Das bindet ihn an die Aufgabe,
Sorge für seine Welt zu tragen.

Denn am Ende sind wir alle gleich
und wir kehren dahin zurück,
woher wir kamen ... ins *Unendliche.*

Sommerstimmung

Bin draußen.
Eine Wiese am Bach.
Pflanze rosa Blumen auf die Böschung.

Es ist Sommer, der Himmel klar.
Der breite Strohhut schützt vor der
brennenden Sonne.
Es duftet.
Eine große Ruhe erfüllt den Ort.
Ein großes rundes Beet,
grünes Außen weiße Blüten innen.

Ach welch ein Gefühl,
im weichen warmen Gras zu gehen,
den schmalen Weg zum Haus.

Glück

Auf einmal ist es da, überfällt uns,
überflutet uns mit Kraft und Energie.
Wie eine große Welle
trägt es uns in die Höhe und zeigt
uns die Herrlichkeit …

Allmählich wird das Licht dunkler,
entfernt sich langsam, und reiht sich
in die Dunkelheit der Erinnerung ein.

Die Stimmung aber bleibt uns für immer.

Freude

Aus den Tiefen der Dunkelheit
tauchen sie plötzlich auf:
Große leuchtende Kugeln,
vibrierende Energie-Blasen .
Strahlendes Gelb mit weißen Rändern.

Sie hüllen mich ein, erfassen
all meine Zellen. Ein Bad in Gold ...
Dann ziehen sie weiter und lassen mich
zurück in unbändiger Freude.

Jeder Tag

Jeder Tag ist einzigartig,
nehmen wir ihn mit Ehrfurcht und Staunen,
denn wir haben keine Zeit, ihn zu vergeuden.

Wir sind Wesen, die sterben werden.
Und keine Macht der Welt kann uns garantieren,
dass wir noch einen Tag länger leben werden.

Die letzte Reise

Die Kranke hatte beschlossen, sich dem
Leben zu verweigern, schaute böse und
enttäuscht, jammerte: Warum hab ich das?
Darauf gibt es keine Antwort.

Ich verbrenne von innen, sagte sie,
und wurde langsam milder gestimmt.
Da sind Leute gekommen, die mich
mitnehmen wollen, aber ich will nicht.
Du musst mit ihnen gehen, sagte
die Tochter, du kannst nicht hier bleiben.

An einem Sonntagabend sah sie
ein seltsames, befremdliches Licht.
Was ist das? Was ist das? flehte sie.
Das Leuchten erfasste ihr ganzes Wesen,
bis sie nachgab und sich von ihm davontragen ließ.

Sie ist gegangen

Der Mann redet leise und verstohlen,
ach ja wir sagen sie ist weg,
oder sie ist nicht mehr da...
Fragend schaut sie ihn an.

Plötzliche Dunkelheit.
Ein kleiner Altar an der Wand.
Er leuchtet und beleuchtet die Dinge darauf.
Sie ist gestorben!
Eine riesige Welle von Trauer ergießt sich,
Tränen wollen hervorbrechen.

Da blitzt ein Gedanke auf:
Um den Tod brauchst du nicht zu weinen
und sie hält diese Energiemasse zurück.
Richtet sich gerade und steht
mit gefalteten Händen ruhig vor dem Altar.

Uhu

Ein Weg, Schnee. Eine kleine Tanne.
Guck mal, ein kleiner Adler, sagt sie.
Das ist eine Eule, sagt er.
Sie balanciert auf dem schneebedeckten Ast.
Vor ihren riesigen runden Augen
vibriert eine eisklare Energie.
Stark!

Er setzt sie auf den dicken Ast
eines großen Baumes. Es ist ein Uhu.
Wie sitzt er da so ruhig und schaut in die Ferne.
Atemberaubend... Jetzt ist er erwachsen.

Der Nagual

Einen Lehrer wie ihn möchte man haben.
Sein Wissen so umfassend und klar,
zwingt uns vor Ehrfurcht in die Knie.

Und doch ist er so mitfühlend und nah
wie das eigene Herz.

Die Freiheit des Nagual

Der Nagual bringt die Freiheit.
Ohne ihn wüssten wir nichts
von unseren Möglichkeiten
und die Sehnsucht nach Freiheit bliebe
für immer im Selbstmitleid stecken.

Der Nagual erzählt uns von der wahren Freiheit,
dem Weg des Kriegers,
der Lebensweise von der Absicht selbst.

Der Weg scheint schwer.
Freiheit ist teuer und nur die Stärksten
können ihn zu Ende gehen.
Und doch... ein Leben ohne Freiheit
ist ein totes Leben.

Alcatraz

Jeder Tag bietet aufs Neue
die Chance zu handeln, etwas zu lernen,
seine Möglichkeiten zu verbessern.

Das Entscheidende ist, lebendig zu sein,
am Leben zu sein. Nur wenn man lebt,
kann man die Dinge ändern.

Wir müssen uns stählen und stark machen,
um Alcatraz verlassen zu können -
Alcatraz ist die menschliche Form.

Für Taisha Abelar

Das weiße Haus

Im Hof ist es dunkel.
Ein Bambusstab in der Linken,
ein beblätterter Ast in der anderen Hand,
macht sie ein paar vorsichtige Schritte
nach vorn zum beleuchteten Schild.

Plötzlich ein Wind, der sie einhüllt, und ihr
den Ast über den Kopf aus der Hand reisst.
Ein Schwindel wirbelt sie herum.

Ein seltsames Bauwerk aus großen Quadern,
ein Eingang, ein Haus wie im Süden,
getüncht in weiß. Das ist Carol Tiggs Haus.

Fremdheit und Neugier gleich anziehend...
Ach, hätte sie nur den Mut hineinzugehen.

Das Auge

Der innere Seher sieht die Welt:
Die Erde mit ihrer inneren Glut, die
großen Wasser, Ursprung der Lebewesen.
Das vielgestaltige Pflanzenreich,
die eingerollte Schlange, Vermittlerin
zwischen Himmel und Erde.

Und er sieht die Absicht,
die Kraft, die Alles bestimmt.
Sie zwingt die Menschen,
ihr Bewusstsein zu steigern und
Verantwortung für ihre Welt zu übernehmen.

Eine Botschaft mit ansteckender Resonanz ...
Von den Beherrschern der Lüfte
hinausgetragen in die Unendlichkeit.

Ruth

Vielleicht sollte ich dich besuchen,
die alte Vertrautheit genießen.
Einst warst du meine andere Welt,
ein zeitweiliger Rückzugsort
für meine überforderte jugendliche Seele,
fühlte mich angenommen und gefördert.

Heute weiß ich, du warst Teil meiner Vision
eines lebenswerten Lebens.
In meinen Gefühlen aber,
bewahrt sich die Erinnerung für immer.

Die Nagual-Frau

Die rückwärtigen Türen schwingen auf
und sie kommt herein.
Standing Ovations begleiten sie zur Bühne.
Good evening shining beings,
grüßt die ganz in Weiß Gewandete.
Ich bin Carol Tiggs. Dieser Name ist
mein Bindeglied zur Unendlichkeit.

Sie verströmt strahlende Freude.
Ihre Augen wandern langsam über die
Menge, als sie sagt: Wir alle sind durch
abstrakte Zuneigung miteinander verbunden.
Der Saal hält den Atem an ...

Ich habe etwas sehr Erhabenes gesehen.
Ich *sah* das leuchtende Herz der Linie.
Ein vereinter Körper von Wesen
mit Disziplin und Zielstrebigkeit
auf dem abstrakten Weg der Zauberer.

Kleiner Vogel

Mittags im Garten beim Vogeltrog
sitzt ein kleiner Vogel im Gras,
vielleicht eine junge Amsel.
Es vibriert und atmet ...

Auf Zehenspitzen gehe ich langsam vorbei
und schaue wieder hin
...es ist nur ein Blatt.

Vertrauen

Freudestrahlend kam es in die Welt,
doch was es wahrnahm, war beängstigend.
Es schrie aus voller Seele,
als ein Schock seine Angst unterbrach.

Es wuchs heran und wurde erwachsen, doch
die Angst blieb ihr unberechenbarer Begleiter.
Bis die Intensität des Lebens
die Angst zur Krankheit steigerte.

Ein tiefes Tal musste durchquert werden.
Was sie fand war: Vertrauen.
Vertrauen heißt einverstanden sein,
sich fügen, alle Sicherheiten aufgeben.
Vertrauen kennt keine Angst und keine Zweifel.

Vollmond

Entrückende Mondin,
Herrscherin der Nacht.

Wanderst durch die Unendlichkeit
und alle Wasser folgen dir.

Innere Stille

Nachdenken über die Träume der Nacht.
Plötzlich wird das Licht ausgeschaltet
und alles ist schwarz.
Kein Denken mehr...

Die Schwärze, wie eine große Scheibe,
drängt Gedanken weg,
die mit aller Kraft hereinkommen wollen.

Welche Empfindung!
Eine Minute Stille im Kopf.
Innere Stille ist Dunkelheit.

Die Große Mutter

Ich trage ein Kind im Arm, es weint.
Aus dem Dunkel kommt eine Frau.
Das Kind streckt die Arme nach ihr aus.
Ich gebe der Frau das Kind.

Sie nimmt es liebevoll in die Arme
und das Kind ist zufrieden.
Beide leuchten golden!

Stimmung des Todes

Sommerabend am Fluss.
Am Ufer gegenüber liegt ein Toter.
Eigenartige Stimmung, fast menschenleer.

Letzte Sonnenstrahlen zaubern
glitzernde Spiegelungen...
Das Wasser scheint ölig, glatt, metallisch.

Polizisten als Totenwache.

Zeichen

Abenddämmerung im Garten.
Krächzende Krähen fliegen vorüber.
Ein herrlicher, blauer Tag geht zu Ende.

Stille...kein Blatt bewegt sich.
Hinten bei der Birke ein zartes Geräusch,
wie feine Regentropfen.

Auf einmal ein seltsamer Wind.
Geheimnisvoll.
Die Welt steht still!

Krafttier

Wiesen, Felder, Hügel,
alles saftig grün und schön.
Rechts auf der Anhöhe ein grauer Wolf.
Es kommen noch einige, umkreisen uns.

Ganz unauffällig bewegen, den Blick gesenkt ...
Einer stellt sich auf die Hinterläufe,
berührte er mich?
Wahrnehmung aus vier Perspektiven.

Eine Frau auf der Bank sagt, die Wölfe
gehen nur bis zum Tor und zeigt auf den Weg.
In der Ferne ein schmiedeeiserner Torbogen.
Links sitzt ein großer Wolf.
Mein Krafttier?

Die Hexe fliegt!

Am Morgen auf einem Hügel mit
grünen Büschen, über uns der helle Himmel.

Plötzlich fliegt etwas in großem Bogen
über das Firmament und lässt Tropfen fallen.
Das ist die Hexe, die Hexe fliegt vorüber!
Sie zieht noch einen großen Bogen und
beregnet uns mit ihren magischen Tropfen.

Fliegt nach rechts zurück
und schenkt uns einen kräftigen Guss.

Alptraum (Leere)

Plötzlich sitzt mir etwas auf dem Rücken,
drückt mich nieder.
Ich muss es loswerden, wehre mich verzweifelt.
Schreie wie am Spieß, den Hals zugeschnürt.
Winde mich, greife durch die Beine nach hinten,
um es zu fassen, aber ich greife ins Leere...
Es hat keine Substanz !

Auf einmal habe ich Kraft, greife nach hinten und
schleudere in einem ungeheuren Befreiungsschlag
das Wesen im Bogen zu Boden wie ein Judoka
und trampele auf ihm herum oder der Luft...

Ein dicker, fetter Klops, dämlich grinsend,
glotzt mich an, als wolle er sagen:
Oh, hat halt nicht geklappt!

Ein Fenster sein

Ein alter Mann kommt herein,
schreibt seinen Namen an die Tafel
und setzt sich in meine Reihe.

Eine wird aufgerufen, etwas Psychologisches
zu erklären. Ja, das ist so:
Wenn ich eine Schwester hätte und ich wäre
ein Fenster, könnte ich in sie hineinschauen.

Ah, ein Fenster möchte ich auch sein,
rufe ich aus. Da lachen sie alle, auch der Alte.

Wasser

Am Fluss viele Menschen.
In Abständen Treppen, die zum Ufer führen.

Mit einem Mal steigt das Wasser an,
es flutet überall, halte mich fest.
Schon werden wir von einer ungeheuerlichen
Strömung mitgerissen.

Unsere Sachen?
Nichts mehr, nur noch unsere nackte Haut.
Nur noch Wasser, es braust vorbei.
Wir sind im Meer.

Man kann nur mitgehen, sich ergeben...
Es ist zu gewaltig!

Anthropomorpher Papagei

Zuerst ein kleiner Schatten.
Es fliegt, flattert, vielleicht eine Motte?
Aber nein, es wird größer und bunt,
ein kleiner Papagei!
Leuchtende schillernde Farben.

Er fliegt zum Fenster hinaus,
Richtung Norden. Fast auf Höhe der Ecke,
kommt aus seiner linken Seite
eine große weiße Goofy-Hand heraus :

Er winkt zum Abschied!

Verwandlung

Zwei Bläulinge flattern umher,
von Duftmustern geleitet.

Betört vom leuchtenden Gelb der Blüten,
lassen sie sich nieder und schlürfen Nektar.
Kurz ist ihre Rast.

Flimmern und Tanzen in der Sonne.
Nur Sein, nur Losgelöstheit.
Wunder der Verwandlung.

Acer-Jupiter

Zwei Ahornblätter liegen auf dem Weg,
zusammengewachsen in Dualität.

Schon früh im Jahr verströmt der Ahorn
seinen lieblichen Duft,
lockt Bienen und Insekten an.
Verschenkt seine üppigen Gaben
seit altersher der Menschheit zum Nutzen.

Es heißt, der Ahorn sei eine Jupiterpflanze.
Der Lichtplanet weist den Weg
zu Toleranz und Evolution.

Amadinda

In der Dunkelheit der Berge
sammeln sich Tropfen um Tropfen,
suchen einen Weg ins Licht.

Die Quelle glasklar und frisch,
Freude am Fließen,
wird Bach zwischen Wiesen und Feldern.

Der Fluss nimmt alle dankbar auf,
vermehren sie doch seine Kraft.
Die mächtige Strömung
kennt nur ein Ziel: das Meer.

Die Vereinigung im Unbekannten.
Tiefe wogende Wasser,
von Mondkraft regiert.

Hinaus in den Ozean,
das unaussprechliche Geheimnis.

Parallelwesen

Hinter einer halben Mauer steht
ein Wesen und schaut zu mir herüber.
Es fragt ohne zu sprechen:
Willst du den Keller sehen?
Den Keller? Mmh, ja warum nicht,
antworte ich ebenso nur gedanklich.

Du musst nicht herüber kommen,
du musst es nur wollen. Ja!
Im gleichen Moment mache ich einen Salto
rückwärts und bin im Keller. Es ist dunkel.

Die Mauern aus gelblichen Ziegelsteinen,
sehr schön! Zwischen den Mauern
wandeln Wesen umher groß, schlank, gelblich,
als spiegelten sie die Umgebung wider.
Sie erinnern an Schlemmerfiguren.

.

Schwarzes Pferd

Kleines schwarzes Pferd auf saftig
grüner Wiese, das Gras sehr hoch und dicht.
Sie führt es am Lederriemen in die Stadt.

Sie haben viel Freude miteinander.
Auf einmal sagt es:
Ich kann dir die andere Seite zeigen.
Und es erzählt ihr viele Dinge.

Im Kino schließlich die Erkenntnis, dass
es für ein Pferd in der Stadt kein Leben ist.

So schleichen sie sich durch den Vorhang
des Kinos hinaus und machen sich
auf den Weg zurück zur Wiese.

Alptraum

Urplötzlich packen mich zwei Hände
um die Handgelenke und halten mich fest.
Riesenangst:
Die Hände kommen unter dem Bett hervor.

Mir fällt nur eines ein: Absolute Nüchternheit!
Sage es laut, denke es, sobald ich
einen Moment nachlasse, wird die Angst
unerträglich und der Griff wird fester.

Absolute Nüchternheit -
Die Worte sind magisch, sie bilden einen
festen Block gegen diese unmenschliche Kraft.

Der Tiger der Intention

Es heißt, der Tiger sei in der Halle,
der Tiger der Intention.
Einer sagt, er habe den Tiger gesehen.
Sie schaut durch die Glasscheiben.

Auf einmal materialisiert sich aus dem Nichts
ein prächtiger Tiger, ganz gewaltig...
Er bewegt sich zu einem kleinen Fenster,
krallt sich ans Fensterbrett, will es ausreissen
und das Fenster aufdrücken.

Dreht sich um, läuft diagonal durch den Saal
zu einem Panoramafenster und durchstößt
mit einem einzigen Kracher das stabile Fenster.
Höre das Glas splittern...krachen...donnern...
Der Tiger ist frei!

Silberne Brücke

In einer fremden Stadt gehen sie hinaus
auf die Straße und kommen zu einer Brücke.
Eine Brücke von derartigen Ausmaßen,
die man nicht überblicken kann.

Alles weiß und silbern, glänzende
Metallplatten auf den Boden genagelt.
Links in der Ferne ein niedriger Ponton.
Rechte Seite viele Kräne im Wasser.

Sie gehen ein Stück weit voran,
doch langsam wird die Sache seltsam -
keine Autos und kaum Menschen,
eine dunkle, bleierne Atmosphäre...
Ehrfurcht gebietend.

Sie kann keinen Schritt weitergehen,
noch ist sie nicht bereit,
diese Brücke zu überqueren.

Ein Scout

Unterwegs, am Feldweg Geraschel.
Das Gras bewegt sich und heraus
kommt eine große Eidechse,
die zum riesigen Feuersalamander wird.

Ein Energiewirbel katapultiert uns
ins große leere Zimmer, wo der Scout
eine kecke Vorstellung gibt:
geht im Kreis, reckt den Kopf hoch,
dreht sich, damit wir ihn
in voller Schönheit bewundern können.

Er verströmt Kraft, unbeugsame Absicht!
Das Zimmer hat einen schönen
rehbraunen Boden und beige Wände.

Der Weg hinab

Oben auf riesigen Felsenzacken,
bewachsen mit dickem Tang und Algen,
die lang und glitschig
leuchtend grün herabfließen.

Der Weg hinab ist steil,
das Meer bedrohlich und dunkel.
Bloß nicht umschauen, sonst ist man verloren.

Der Energiekörper darf sich nicht
in die Details der Umgebung verlieren.
Absolute Nüchternheit!

Die menschliche Gestalt

Im großen Hotel Schwimmbad
schwimmen und aalen wir uns im Wasser.

Aus der Seitentür tritt ein nackter Mensch,
schlank, blonde kurze Haare
mit kleinen Brüsten und kleinem Penis.
Das Wesen ist bildschön.
Es ist männlich und weiblich zugleich.

Als wir aus dem Wasser sind,
spricht mich von links jemand an,
es ist das Wesen: Weißt du,
wie groß der Abstand zwischen uns ist?
Es ist sehr zurückhaltend und vornehm.

Erinnerung an eine Zeit

Ein strahlendes Lächeln empfängt uns,
heißt uns willkommen im großen Haus,
geplant und geschaffen für Film, Kunst
und Begegnungen.

Eine Offenheit und Vertrautheit,
die in der Seele widerhallt.
Konsens in Ideen und Projekten,
die uns beflügeln und über uns
hinaus wachsen lassen.

Die Spirale des Rades der Zeit bestimmt
die Wege und Richtungen des Lebens.
Doch in der Erinnerung wird diese Zeit
des Glücks auf immer bewahrt.

Anthropomorpher Löwe

Eine felsige Wüstenlandschaft
mit reichlich grüner Vegetation.
Ein hell struppiger Löwe steigt
auf seinen Lieblingsplatz hinauf,
einen flachen Felsvorsprung.

Er richtet sich auf und singt:
Holla di hia, holla di ho,
holla di hia, holla di ho. . .

So singt er und bewegt sich hin und her.
Sein lustiges Lied erfasst meine Seele
und vertreibt Kummer und Traurigkeit.

Twin World

Wandern in unbekannter Landschaft.
Seltsame Gewächse, hohe stachelige,
raue, besenartige Pflanzen.
Wir gehen hindurch.

Da ist Salbei, schau doch die Blätter,
eindeutig Salbei. Wir pflücken welchen.
Versteckt hinter Büschen ein Haus. Ein Mann
kommt heraus und gibt uns ein Zeichen.

Ganz vertieft schneidet er ein großes Stück
einer Kletterpflanze ab, die unten an der
Ziegelmauer wächst und gibt es uns.
So was Feines habt ihr noch nie gegessen!
Mit Blüte!

Sehen im Traum

Sie geht nach draußen.
Nur Horizont... blauer Himmel,
ein paar ungewöhnliche Wolken.

Ein braunschwarzer Hügel
ragt aus grünem Gras empor
mit tiefen Furchen wie Lavagestein.
Daneben stehen Säulen
in Grüntönen wie Bäume.
Er ist irgendwie unheimlich.

Plötzlich ein Flush -
und alles wird glasklar und messerscharf.
Die Landschaft pulsiert und schillert,
ein ungeheurer Anblick!

Sie beobachtet und sieht ...

Unter der Erde

Es führt eine Treppe hinunter
in eine eigentümliche, dunkle Welt,
die Steine grob behauen, globig, brauner Sand.

Auf grobem, großem Tisch ein Kasten
mit Metallstücken und Metallspitzen
und anderen seltsamen Dingen.
Im Seitenschacht ein starkes Holzgerüst,
es trägt eine große, altersschwere Glocke.

Sie dreht sich um und wird bewusst.
Ach, es ist ganz einfach...
Schaut sich alles genau an, befühlt die Dinge
mit außerordentlicher Klarheit.

Ein großes Höhlengewölbe tut sich auf,
in der Ferne blitzt ein Lichtstrahl.
Glücklich und leicht geht sie auf das Licht zu.

Die Stimme

Sie sagt, sie höre die Stimme ihrer Mutter,
die sie kritisiert und an ihr herummäkelt.
Es werde immer schlimmer!

Ich sage, du musst dich konzentrieren,
wenn du die Stimme wieder hörst.
Stelle dich in die Mitte deines Lieblingsraums
oder auf deinen Lieblingsplatz,
schließe die Augen und lausche nach innen.

Konzentriere dich und sage laut und deutlich
mit energischer Stimme: Hör auf!
Dann wird dich die Stimme nicht mehr belästigen.

Consensus

Absicht bringt Menschen
zur Übereinstimmung.

Die Verbindung ihrer Energie
entfaltet Bewusstsein...
Es kommen neue Ideen.

Daraus entstehen Resonanzfelder,
die sich hinausprojizieren
in die Unendlichkeit, den Geist.

Paradies

Es gibt ein Paradies in der Südsee.
Blauer Himmel, weißer Sand,
üppige Früchte der Erde und des Meeres.
Die Menschen sind die Glücklichsten der Welt,
leben im Einklang mit ihrer Natur,
besitzen nichts, teilen mit anderen.

Sie feiern opulente Festmahle mit Tanz und Musik,
und tragen die schönsten Blumen im Haar.
Kinder sind das Wichtigste, sie werden verwöhnt.
Alle leben im Hier und Jetzt,
sind eins mit ihrem Schicksal, eins mit dem Geist.

Einst war ich ihnen ganz nah,
habe ihre Geschichten gehört und bin
mit ihnen im warmen Wasser geschwommen.
Sie halfen mir, mich neu zu erschaffen.

Heute weiß ich, das Paradies ist in Gefahr.
Nur wenn viele Menschen die Wende beabsichtigen,
bleibt das Paradies nicht nur eine Erinnerung.

Ein Leben

Der Befund war niederschmetternd.
Die junge Frau wehrte sich und kämpfte.
Die Angst, unbändige Angst veränderte sie
zur Sklavin der Ärzte und Medikamente.

Jahre vergingen mit der Hoffnung auf Besserung.
Doch dann kam das Urteil des Professors:
Sie haben noch zwei Jahre,
genießen Sie das Leben, verreisen Sie.
Point of no return!

Jetzt ließ die Spannung des Willens nach
und sie mutierte in ein amorphes Wesen,
fiebernd nach der nächsten Chemo,
deren Wirkungen verheerender wurden.

Eines Tages zur Mittagszeit hörte die Mutter
ihren röchelnden Atem nicht mehr.
Sie stürzte ins Nebenzimmer -
die geliebte Tochter war tot.

Abschied

Der Sarg mit Rosen und Lilien
versammelt die Menschen,
um Abschied zu nehmen.

Ein tragisches Schicksal ist zu Ende.
Die junge Frau und Mutter,
war dem Tod vorzeitig unterlegen.
Eltern und Geschwister
sind in Traurigkeit und Wut versunken.
Die große Tür wird geöffnet,
der Sarg hinausgefahren.

Plötzlich ein Aufschrei der Mutter!
Für einen Moment steht die Zeit still...

Human Spirit

Den Dschungel der Unwissenheit
zu verlassen, erfordert Erkenntnis.

Es gilt, die Brücke zu überschreiten.
Auf der anderen Seite - wartet der Geist.

Freiheit

Das sensible Kind nimmt großen
Anteil an den Gefühlen der Eltern.
Es liebt sie, will dass es ihnen gut geht.

Doch mit den Jahren erkennt sie,
dass sie so nicht leben will.
Es ist die Freiheit, die sie sucht.

Vielleicht wird sie eines Tages
genug Energie angesammmelt haben,
um die Gabe des Adlers anzunehmen.

Tomorrow

Ein dicker seltsamer Fisch
zieht durch den mäandernden Fluss.
Luftblasen steigen auf, und
blubbern seine Botschaft durchs Wasser:

Tomorrow is promised to no one
Tomorrow is promised to no one...

Das Geschenk

Sie spazieren mit Don Juan durch die Stadt.
Er zieht ein breites, weißes Armband
aus seiner Brusttasche und legt es ihr
um das linke Handgelenk. Es ist sehr schön!

Er gibt ihm das gleiche Armband und sagt,
es sei das Gegenstück. Ihr müsst beide
aneinanderlegen, dann haben sie eine Wirkung,
weil ihr zusammengehört.

Eine andere Welt

Auf einmal wird ihr etwas bewusst.
Sie schaut sich um, auf die Peripherie.

Eine dunkle Hügellandschaft ,
dunkelbraunes, wulstiges Material,
wie aufeinandergeschichtet oder getürmt.
Braun und schwarz wie Torf oder Seetang.
Dazwischen saftig grüne Flächen.

Überall sind Menschen in Aktivität.
Sie tritt noch einen Schritt zurück
und hat das ganze Panorama im Blick.
Phänomenal!
Das ist eine andere Welt...

Sternenfeuer

Der Nachthimmel ist klar.
Eine riesige blaue Kuppel...
Millionen Sterne funkeln.
Über uns steht der Große Wagen.

Plötzlich formieren sich die Sterne und
rotieren mit atemberaubender Schnelle.
Ein unbeschreibliches Leuchten
macht die Nacht zum Tag.

Das Wissen des Nagual

Sie weiß etwas mit absoluter Sicherheit.
Es ist eigenständig, völlig autonom.
Ein vollkommener Organismus,
ein Wissen, das lebt.

Man kann es benutzen, damit arbeiten,
man kann darauf zurückgreifen,
sich darauf stützen.

Aber es ist nicht ihr Besitz.
Es gehört allen, die danach suchen.

Ausblick

Ein feiner, blauer Vorhang
vom Wind bewegt,
gibt einen schmalen Ausblick frei,
hinaus - in die Weite.

Der Weg mit Herz

Eine Begegnung in der Wüste.
Sie sitzen auf einem trockenen Ast
und sprechen lange miteinander.

Der alte Nagual unterweist sie
in der zweiten Aufmerksamkeit.
Sie versteht.

Beim Erwachen überflutet sie
eine Welle des Glücks und sie weiß,
das ist ein Zeichen des Geistes ...

Olivenbaum

Alter Olivenbaum,
gedeihst in deinem Kasten.
Aus dem Süden kommst du,
uns zu erfreuen.

Prächtig stehst du da,
verströmst Sonne und blauen Himmel
und wir vergessen, was uns plagt.

Das ertrinkende Kind

Es ist Sommer, die Kinder wollen baden.
Der Vater, drei Mädchen und Asta,
der junge Hund machen sich auf den Weg
zum Fluss. Eine breite Kiesbank
lädt zum Verweilen und Spielen ein.

Die Kinder plantschen und tollen herum
in der rasch fließenden Strömung.
Plötzlich sieht die Ältere, wie ihre Schwester
leblos weggetrieben wird.
Sie schreit auf vor Schreck!

Der Mann stürzt herbei, packt das Mädchen,
dreht es mit dem Kopf nach unten,
damit das Wasser auslaufen kann...

Langsam wird das Kind wieder lebendig.
Was für eine Erleichterung!
Schweigend wandern sie zurück nach Hause.

Ein Grab

Zwei rote Sandsteinsockel,
rechteckig wie Grabsteine.
Ein großer, dünner Typ steht neben mir,
wir schauen zusammen in das Grab.
Ich sage: Da gehe ich aber nicht rein!
Wieso?
Ich gehe da auf jeden Fall nicht rein!

Aber das gibt es nur bei Castaneda, sagt er.
Ja genau, das gibt´s nur bei Castaneda.

Nebel

Nach dem Regen senkt sich
langsam der weiße Nebel herab,
lässt die grünen Hügel verschwinden.

Im Vordergrund die Häuser,
wie ausgeschnitten vor weißer Wand.
Feuchte, würzige Luft.
Stille...

Vogel und Nest

Du bist der Vogel, ich bin das Nest.
Vom Geist hineingelegt,
dich zu nähren und zu erziehen.

Um eines Tages gemeinsam mit
dem Vogel der Freiheit davonzufliegen.

Zwei Dohlen

Zwei Dohlen sitzen auf dem Giebel,
ganz eng beisammen, putzen ihr Gefieder
und liebkosen sich mit den Schnäbeln.

Dann schauen sie gemeinsam in die Ferne
in vollkommener Übereinstimmung...
Und schon sind sie weggeflogen.

Komm mit

Der Kranke wurde aufgegeben
und nach Hause geschickt,
mit reichlich Morphium versorgt.
Da hat er schöne Träume, sagte der Arzt.

Der Mann sprach oft von den Krähen,
die krächzend übers Haus flogen.
Der *Komm mit* ist da, pflegte er zu sagen.

Jeden Tag verhandelte er mit dem Tod
sein Leben, aber er wusste,
dass er dieses Spiel verlieren würde.

An einem Freitag am Nachmittag begann
seine letzte Reise und er folgte
dem *Komm mit* in die andere Welt.

Das Licht

Sie saß eingehüllt in ihre Traurigkeit
und starrte auf den geschmückten Sarg.
Die Atmosphäre stumpf und bleiern.

Plötzlich schwangen die Seitentüren auf
und ein Wind fuhr herein,
der sie berührte und alles veränderte.

Die Blumen leuchteten auf in wahrer Pracht,
ein Sonnenstrahl durchflutete den Raum,
das helle Licht - ein Zeichen.

Das ist *er*, das ist Vater!
Er schickt ihr einen letzten Gruß: sei glücklich!
Ihr Herz erzittert.

Hände

Im alten Gemäuer einer Burg
öffnet sich ein goldener Raum:
Auf barocken Tischen und in Vitrinen
stehen gebrannte oder in Bronze
gegossene Figürchen, Vasen, Schalen.

Wir gehen staunend umher. Auf einmal
wird mir gewahr, was alle gemeinsam haben:
Hände, Hände aus allen Ecken der Welt.

Betende Hände, flehende Hände,
um Vergebung bittende Hände,
demütige, dankbare, zärtliche Hände,
die göttliche Kraft empfangende Hände ...

Eine steinzeitliche Kriegerfigur,
die eben noch hinter mir stand,
ist auf einmal vor mir und lächelt mich an.

Metamorphose

Wie ein eingerollter Ammonit
schlummert das Bewusstsein in der Zeit,
beschirmt und begleitet von der Erde.

Bis irgendwann ein Impuls der Kraft
dich trifft und du erwachst.

Die Schwalbe

Am Abend sitzt eine kleine Schwalbe im Hof.
Sie macht schwache vergebliche Flugversuche,
scheint verletzt zu sein.
Für die Nacht hüpft sie unter den Rosenbusch
und harrt ihres Schicksals.

Doch am nächsten Nachmittag
hüpft und flattert sie beherzt im Hof herum,
während die Eltern sie füttern
und auffordern mit ihnen zu fliegen.

Die kleine Schwalbe hat soviel Mut,
sie schafft es, immer etwas höher zu steigen
und schießlich mit ihnen davonzufliegen.

Ein Schicksal

Die Nachricht war ein Schock,
machte Eltern und Familie sprachlos.
Der Sohn war tot.

Eine lange Liebe wurde
zur zerstörerischen Kraft.
Die Qual seiner Seele
ließ ihm nur einen Ausweg offen,
und so wählte der Mann
seinen vorzeitigen Tod.

Vielleicht hat er beim Sterben
für einen Moment
die Herrlichkeit erblickt, ein Bereich,
der alle menschlichen Belange davonweht.

Transformation

Vom Grund der Erde
entflammt das Feuer,
gemäßigt vom Wasser,

steigt auf in die Luft ...
hinaus in die Unendlichkeit.

Courage

Die Stufen der Erkenntnis
beschreiten, erfordert viel Mut.

Durch das Tor hindurchgehen
und die Herrlichkeit erahnen...

Eine Taube weist den Weg.

Alt und jung

Wir sind alt!
Nein, wir sind jung!

Die Wahrheit ist,
ihr seid jung und alt zugleich,
somit ein doppelter Erfahrungsschatz
und erweitertes Bewusstsein.

Welch ungeahnte Aussichten!

Der Tod

Der Tod reisst eine ungeheure Lücke
in das Netz der Energie.
Ein Vakuum - etwas,
das der Mensch nicht begreifen kann.

Es dauert lange,
bis die Zeit mit feinsten Fäden
darüber hingeweht ist.

Global Message

Nur die Liebe zur Erde
wird die Menschheit retten.

Die Erde ist ein bewusstes Wesen, das
seine Gaben bedingungslos verschenkt.

Einzig der Mensch missachtet diese Liebe
und vergisst, dass er die Erde
wie die Luft zum Atmen braucht.

Wale

Eine Frau taucht leidenschaftlich
in die Tiefen des Meeres
und sie liebt den Gesang der Wale ...
harmonische Geräusche,
entrückende Melodien.

Doch die Gesänge haben sich verändert
in traurige Klagelaute, die sie ins Herz treffen.
Die Wale singen das Lied ihres Untergangs.

Gemeinsam

Es kommt der Tag, da zwei Wesen
sich finden und verbinden,
um den Weg gemeinsam zu gehen.

Alles, was ihnen begegnen wird,
ist noch ein Geheimnis -
man nennt es Leben.

Sendboten des Schicksals

Es sind drei silberne Vögel,
die aus dem Norden kommen
und gen Süden ziehen.

Einst werden sie dich rufen,
und wenn sie über deinen Kopf fliegen
werden sie silbrig hell leuchten und
es wird bedeuten, dass deine Zeit um ist.

Fliege mit ihnen.
Sie werden ihre Richtung umkehren,
und es werden vier sein, die davonfliegen.

Stille Katastrophe

Heute, im Jahr der stillen Katastrophe,
da die Erde uns ein Zeichen schickt,
braucht es viele Männer und Frauen,
die mit Mut und Nüchternheit vorangehen,
um die Menschheit durch die gewaltigen
Veränderungen zu führen.

Entscheidend ist, mit dem ungeheuren
Energiestrom mitzuschwimmen,
ohne am Ufer zu zerschellen.

Die Krise

Auf dem Höhepunkt
von Dekadenz und Zerstörung,
schickt die Erde eine lautlose Kraft,
und zwingt uns innezuhalten.

Mit der Macht des Todes im Bunde
lehrt uns der Geist scheinbar
vergessene menschliche Tugenden:
Aufmerksamkeit und Verantwortung
für die Erde und alle Lebewesen.

Nur wenn der Mensch lernt,
seine Sichtweise zu ändern
und sein Bewusstsein zu erweitern,
hat er eine Chance zu überleben.

Die Maske

Sie wurde uns verordnet,
um unsere Mitmenschen zu schützen.
Eine Maßnahme wie Distanz und Hygiene.

Mit einer Maske werden die Unterschiede
verwischt, keiner ist schöner, besser
oder wertvoller als der andere.

Das macht nüchtern und wir können
erkennen, dass wir alle nur Menschen
auf dem Weg zum Tode sind.

Überleben

Die Krise offenbart vier Reaktionen.
Diejenigen, die die Zeichen erkennen,
die Ärmel hochkrempeln
und sich an die Arbeit machen.

Die Einsichtigen, die wissen, dass sich
etwas ändern muss. Sie bilden die große Masse.

Die Uneinsichtigen, die glauben,
sie werden ihrer Freiheit beraubt.

Die Ignoranten, die wider besseren
Wissens an ihrem erreichten Status festhalten.

Die Absicht des Universums lässt die Krise
sich ereignen und gewaltige globale
Veränderungen kommen in Gang.
Im Gegensatz zur Vergangenheit steht heute
unser Überleben auf der Erde auf dem Spiel.

Welcher vernünftige Mensch
wollte sich dieser Chance widersetzen?

Venus-Evolution

Im tiefen Dunkel der Geschichte des Menschen
gab es eine Zeit, da hatte die Frau kein Gesicht,
nur ausladende Hüften und üppige Brüste.
Das Diktum des Überlebenskampfes
verlangte Fruchtbarkeit und Fortpflanzung.

Die Evolution der Venus vollzog sich
im Untergrund. So wie das Weibliche
die Basis des Lebens ist, ist das Männliche
ein seltener Funke im Universum.
Beides vereint der Geist und schenkt
neues Leben, neues Bewusstsein.

Heute verlangt das Überleben auf der Erde
die Erweiterung unseres Bewusstseins und
damit radikale Veränderungen in kürzester Zeit.
Und es werden wieder die Frauen sein,
die die Grundlagen einer neuen Welt träumen
und aufrechterhalten werden.

Für Florinda Donner-Grau

Digitale Welt

Stück für Stück hat die digitale Welt unser
Leben erobert und sich in allen Bereichen
des Alltags als hilfreich erwiesen.
In der Isolation der großen Krise wurde sie fast
zum Lebensretter, konnten wir doch weiterhin
kommmunizieren, arbeiten, lernen und
uns mit Allen verbunden fühlen.

Doch birgt das Netz auch eine große Gefahr.
Man kann sich leicht darin verlieren,
da es uns alle Wünsche erfüllt.
Es ist eine körperlose Welt, die ungeheure
Energien verschlingt und uns abhängig macht.

Auf der sicheren Seite sind diejenigen,
die mit Nüchternheit und Vernunft
in dieser Welt ein- und ausgehen.

Menschen

Wir sind Menschen.
Wir nehmen mit dem ganzen Körper wahr.
Wir möchten die Dinge anfassen, fühlen,
riechen, schmecken; nur so empfinden wir
Dankbarkeit und Zufriedenheit.

Die Dinge nur mit dem Verstand
zu betrachten und sie zu interpretieren,
macht uns nicht glücklich.

Kanon der Vernunft

Vernünftige Menschen wissen,
dass die Erde ihr Daseinsgrund ist.

Vernünftige Menschen streben ein friedliches
Zusammenleben mit allen Lebewesen an.

Vernünftige Menschen achten
und bewahren die Natur.

Vernünftige Menschen finden Kriege obsolet.

Vernünftige Menschen regeln Streitigkeiten
verbal und finden Lösungen.

Vernunft ist der Weg der neuen Zeit.
Wer nicht mitgehen kann, bleibt zurück.

Doch der Zauber einer neuen Zeit ist ansteckend.

Intention

Die Welt ist angehalten.
Große Energiemengen überfluten
die Leere mit Bewusstsein
und viele, viele Menschen
können klarer in die Dinge sehen.
Was für eine Chance!

Wenn eine ausreichende Anzahl
Menschen die neue Welt beabsichtigt,
kann dies die Modalität der Zeit
in Richtung Vernunft ändern.

Das ist keine Utopie,
eine reale Möglichkeit wartet auf uns.

Auf der Erde

Es ist schön, auf der Erde zu leben.
Die Erde ernährt uns und gibt uns Obdach.

Den Bedingungen von Geburt und Tod
unterworfen, haben wir keine Zeit,
mit unserem Schicksal zu hadern.

Erkennen wir, welch großes Glück es ist,
auf der Erde zu sein, jetzt, heute...
Auf der einzigen Welt, die wir haben.

Stilles Gespräch

Lieber Baum,
ich bin froh, dass es dich gibt,
ich freue mich, dass du da bist.

Ich will nichts von dir,
ich will dich nur spüren ...
deine Nähe genießen.

Dann gehe ich weiter mit festem Schritt,
ganz von Leichtigkeit durchdrungen.
Spüre das Geheimnis der Bäume, des Waldes.

Wildgänse

Auf einmal sind sie da und schwimmen im Teich,
die großen Eleganten mit den langen Hälsen.

Ein Gänserich vertreibt die anderen
mit hartem, keifenden Drohgeschrei.
Nach einiger Zeit wissen wir warum, als
drei wollige grünlich-gelbe Junge am Ufer sind.

Die Gänse verströmen unbeugsame Absicht.
Ihre Augen haben den kalten Blick
eines Kampfhahns, jederzeit bereit,
ihre Brut auf den Tod zu verteidigen.

Eines Tages hören wir im Morgengrauen
ihre Schreie, als sie übers Haus fliegen...
Die Gänse ziehen weiter.

Novembermond

In der Nachmittagsdämmerung
steigst du auf,
rund und orange über den dunklen Hügeln
und verzauberst den Himmel.

Verschenkst dein magisches Licht und
lässt die feinsten Fasern der Seele erzittern.

Das Fest

Das Fest fällt aus.
Die Bäume leuchten, die Kerzen brennen,
es flimmert und glitzert.
Doch wo sind die Herzen, die sich freuen?
Wo sind die Hände, die sich berühren?

Wir wissen ja, warum.
Eine stille Kraft hat sich des Lebens
bemächtigt und lehrt uns Demut
und Achtsamkeit.

Wer die Zeichen erahnt,
kann aus der Stille Mut und Zuversicht
beziehen, um weiter zu gehen.

Verzeichnis der Gedicht-Titel

196

Zeitfracht Medien GmbH
Ferdinand-Jühlke-Straße 7
99095 Erfurt, Deutschland
produktsicherheit@kolibri360.de